deud llai

dafydd john pritchard

Cyhoeddiadau
barddas

© 2024 Dafydd John Pritchard / Cyhoeddiadau Barddas ©

Argraffiad cyntaf: 2024

ISBN: 978-1-911584-88-9

Cyhoeddwyd gyda chymorth ariannol Cyngor Llyfrau Cymru.

Cyhoeddwyd gan Gyhoeddiadau Barddas.
www.barddas.cymru

Dylunio a Chysodi: Dafydd Owain, Adran Ddylunio Cyngor Llyfrau Cymru.

Celf Clawr: Dafydd Owain, Adran Ddylunio Cyngor Llyfrau Cymru.

Argraffwyd gan Wasg Gomer, Llandysul.

Cyhoeddiadau
barddas

Cynnwys

Cyflwyniad

Gan fod y byd mewn cyflwr mor gythryblus ar hyn o bryd, does dim prinder geiriau. Geiriau blin, geiriau cyhuddgar, geiriau ofn a geiriau dadlau di-ben-draw. Ac rwy'n clywed eich cwestiwn: pam mynd ati i ychwanegu at y geiriau, felly? Digon teg.

Dim ond yn gymharol ddiweddar y dechreuais i ddarllen gwaith y bardd Americanaidd William Carlos Williams o ddifrif. Athroniaeth rhan sylweddol o'i waith creadigol oedd 'no ideas but in things'. Dotiais at hyn, ac fe welir ymgais (o leiaf) yn nifer o gerddi'r gyfrol hon i fod yn fwy ymatalgar, yn gynilach o ran iaith gyda llai o sylwebaeth ac athronyddu nag yn y gorffennol. A dim pregethu, gobeithio. Dwi'n gobeithio, 'run pryd, nad dynwarediad diog yw'r canlyniad. Fe gewch chi benderfynu!

Hoffwn ddiolch i Barddas am y cyfle hwn eto, ond hefyd am y cymdeithasu, yr hwyl a'r trafod.

Diolch i'r unigolion hynny sydd wedi bod yn barod i drafod hynt a helynt cerddi unigol, a byd cerddi'n gyffredinol, dros y blynyddoedd. Diolch hefyd i'r Cyngor Llyfrau am eu cefnogaeth arferol. A gair arbennig o ddiolch i Dafydd Owain am greu clawr hynod o drawiadol.

Rwy'n ddyledus iawn i Huw Meirion Edwards am ei fanylder sylwgar wrth ddarllen y cerddi.

A diolch, wrth gwrs, i Bethany Celyn am ei holl waith a'i diddordeb yn y gyfrol. Diolch, yn arbennig, am fy ngorfodi i feddwl o ddifrif am rai pethau. Os ydw i yn sgil hynny wedi gwneud ambell i ddewis anghywir, fy mai i yw hynny!

A dyna ddigon.

terfynau

ac yno, mae
darnau bach o

wlân yn glynu'n
fudr yn y

crawia ym mhen
pella'r cae.

pen-blwydd

sut mae deud hyn

o weld y wên oedd
ar ei hwyneb yma y
tu allan i'r siop
mae'n amlwg mai hwn

oedd yr union beth
yr hoelen ar ei phen
yr anrheg perffaith
diwedd ymbalfalu

roedd hynny'n bwysig
mae hynny'n bwysig iddi
iddi hi bydd hynny'n bwysig
ac mae'n bwysig 'mod i

wedyn yn deud
hynny'n iawn

y peiriant

bu hwn yn swatio
yma ar ei ben ei hun

heb ôl ei symud
mewn rhyw ddarn o gae

hen beiriant amaethyddol
a'r llwyd yn plicio'n

rhwd a stondrwydd
yn rhan anorfod

o ddefod gyson
haul a glaw

yn ei gwrcwd
mewn gwair sy'n

estyn am ei fogail
ac yn cloi'r olwynion

wrth basio heibio
rwy'n gweld yn well

rwy'n gweld y sedd
yn gam

rwy'n gweld
aderyn bach

a mynnaf 'mod i'n gweld
holl oglau'r teiars

yr wylan ddeg

am hyn o'r gloch y bore
rwy'n blasu coffi'r

caffi wrth y môr
a daw hon

â'i ffydd yn ddawns
ar goncrit

fel dawnsiwr tap
o'i go'

y ddefod yn y gwaed
sy'n ceisio hudo

maeth o'r pridd
i lenwi bol

a chynnal plu
a daw teulu

ar eu gwyliau
at y bwrdd

hyd braich i ffwrdd
mae'n bryd

i minnau eto
hel fy mhac

a llyfu llwy

mainc

am ba hyd
y bu'n eistedd

yn fan hyn
ni wn

ei gap stabl
ar ei ben

a'i gôt drom
amdano

mae'n pwyso'i ên
fel hyn

ar drugaredd main
ei ffon

wrth godi
gan bwyso

yn ffyrnicach
y tro hwn

ar nerth ei ffon
mae'n gadael

ôl ei gysgod
ôl ei gorff

ôl ei gôt
yn felfaredaidd

lle bu'r rhew
yn wyn

sylwi ar un bioden

ac ie felly
maen nhw'n ddeud

pwy bynnag
ydyn nhw

ond i mi
mae'r ofn

i gyd
yn sgrech

anweledig
un dylluan

troli

> mae'n bwysig nodi
> fod y troli Tesco
>
> a welais ar
> y llwybr troed
>
> yn wag heblaw am
> un esgid damp
>
> wedi'i rhwygo
> a heb gareiau

un dyn bach

dim ond un cam
bob tro i mi

un cam ymlaen
yng ngwynt

marchogion sydd
yn gwibio heibio

yn sŵn esgobion
a'u defodau

neu braidd-gyffwrdd
â ffrogiau breninesau

a'u lliw a
phersawr blodau

a gwelaf gestyll cyfan
yn eu tro

ar dramp a'r
cerrig ar eu hôl

yn cleisio croen
a chnawd

dim ond ymlaen
y caf fi fynd

un cam
bob tro

ond cofiwch
un cam bob tro

yw braint y brenin hefyd
rhyfedd 'de

pagliacci

alla i ddim
gweld yn iawn

pwy yw'r rhain
sy'n chwerthin

alla i ddim
deall chwaith

ystyron yr holl
eiriau hyn

alla i ddim
dirnad poen

y cerrig gwawd
sy'n cleisio

alla i ddim
gweld yn iawn

mae rhywbeth
yn fy llygaid

diolch (William Carlos Williams)

mae hyn yn gyfle
i mi gael dweud

mor braf oedd
rhannu brecwast

roedd wyau'r cwt
mor felyn

a'r cig moch
mor hallt

bwrdd i un

a bwrdd bach
wrth y ffenest

diolch byth
i setlo'n iawn

rhaid denu'r ferch
a'i chadach

er mwyn dileu yn llwyr
y cylch gwlyb

sy'n staen un soser
ac yn atgof cwpan

ac i chwalu
ac i gasglu

briwsionach yr
un frechdan

a adawyd
ar ei hanner

nodau'r haul

mae tyrfa fechan
wedi casglu

erbyn hyn
ac mae hi'n taflu

ei cheiniogau i
gyfeiriad nodau'r

haul sy'n tasgu
o beriw neu

rywle tebyg
a thu hwnt

i'r alaw hon
a thu hwnt i

holl ddychymyg
mapiau

mae gen i geiniog
hefyd ac mae'r

nodau'n chwysu
yn fy llaw

mewn sinema

arhosodd yn
ei sedd

nes cilio'r
manylyn olaf

nes darfod
y gerddoriaeth

ni safodd cyn
gwisgo'i gôt aeaf

ac yng ngolau'r
theatr wag

roi cic i'r twb
hufen iâ

torth

fe ddylwn ddweud
mae'n siŵr

mai fi fu wrthi'n
ceisio torri tafell

o'r dorth ffres
gan adael ar fy ôl

bantiau a bryniau
blêr a rhwygiadau

bychain nid dyna
oedd fy mwriad

wir

wrth ymyl pafin

ac yno ym mhen draw
eitha, pella'r stryd, lle
mae'r tai agosa at y

machlud – pan welwn ni
hwnnw – mae pwll o
ddŵr yn sownd wrth

ymyl pafin ac awyr
surbwch yn syllu allan
ohono; ac yna daeth hi o

rywle heibio i'r fan heb
esgidiau tyn am ei thraed
budron, glân, gan gyffroi

gwenau yng nghrychau
bach, gwlyb y pwll sy'n
sownd wrth ymyl pafin.

weithiau

pan fyddi di fel hyn
yn agos yn y cnawd

rwyf weithiau'n colli
gwefr dy absenoldeb

y cyffwrdd tanbaid
hwnnw sydd weithiau'n

peri imi wrido y
tu hwnt i reswm

rhwng y cloriau

ac os ca'i funud fach
o'ch amser prin i

ddweud fod yn y llyfr
ei hun rywbeth sydd

felysed â lliw'r cloriau
hyn y cloriau mefus

sych sy'n cau yn
dynn amdano

caffi yn y glaw

y drefn bob tro yw
prynu coffi arall, trio

gwylio'r glaw yn ffurfio'n
byllau ar y stryd; ond mae'r

caffi hwn yn codi, eto,
fur o stêm, ac mae hynt yr

holl ddiferion hyn sy'n
gwlychu boch ar

wydr oer yn awgrymu,
rhywsut, fod rhyw werth

o hyd mewn tynnu côt
wrth gyrraedd, eistedd

a meddiannu bwrdd:
"neu annwyd gei di."

olion traed

dwi wedi codi'n gynnar
ac wedi mynd o'ch
blaen er imi addo
peidio gwneud dwi'n siŵr

ond dyna ni

mae fy ychydig lestri
brecwast budron yn y
sinc mewn dŵr sydd
wedi oeri bellach

mae'n ddrwg gen i

ond nid oedd lle i
friwsion ar fy nhaith a
minnau'n ofni ei gweld
fel gleiniau yn
un llinell wedi dianc
yn y gwynt

a dwi'n mynd heb
wisgo sgidia am fy
nhraed rhag ofn i'r
rheini rywsut addo
cliwiau a'i gwneud hi'n
haws i chi fy nal

a dwi wedi trefnu hefyd
fod y llanw'n mynd a
dod gan guddio noethni'r
bysedd
      jyst
          rhag
              ofn

wrth aros

wrth aros i'r pry ddringo'r
ffenest: yn gyflym,
yn aros, yn gyflym eto

ac yna'n oedi eto i
ystyried pethau'r byd –
mae'n debyg – rwyf

innau'n symud yn
araf, yn ddoniol o
araf wrth estyn i

gyrraedd y glicied er
mwyn dwyn perswâd
ar y bychan hwn i

brofi'r danteithion y tu
allan i'r ystafell hon a thu
allan i'r holl adeilad hwn

sy'n dechrau cau, mae'n
rhaid cyfaddef, sy'n dechrau
cau amdanaf innau hefyd.

y cowt

stori fer yw hon:
a dyma'r cowt yn
wlyb gan lawio hyll
y pnawn; yn drewi,
braidd, gan faw,
gweddillion bwyd ac
esgyrn; ac yma yn y
gornel fudr hon mae
un tennyn llipa sy'n
olion cnoi i gyd yn
gorwedd ar ei
hyd yn dawel
fel y bedd.

Salve Regina

yn wlyb gan ddiferion
sanctaidd – y fendith

wedi'r fendith, diolch
i'r abad! – rwy'n

colli golwg ar y
brodyr yn eu du i

gyd, maent hwythau
bellach mewn rhyw

gapel bach yn
sefyll ac yn canu

fel pob un noson
arall gerbron y

Forwyn. mae'n rhaid
dychmygu'r llun:

rwy'n gweld cywion
bychain bach yn

dilyn plu anghyfrifol
o hardd y fam, a

honno'n plymio eto
i'r llyn tywyll, a

rhaid dychmygu hefyd y
paderau a'r gweddïau

gorffwyll sy'n eu
cynnal dan y dŵr. ac

yna'r Tawelwch. Y
Tawelwch Mawr.

y forwyn laeth (Vermeer)

rwy'n dychmygu unwaith eto
'mod i'n tywallt marmor gwyn
i'r bowlen hon, ac yn
dychmygu unwaith eto 'mod

i'n gweld holl wyrth ei greu
o'm blaen: y gwythiennau
a'r cyhyrau tyn, y gwallt, ac,
yn fwy na dim, y llygaid mawr;

rwy'n cymryd gofal, fel y
gwelwch chi, rhag ofn i
gyffro'r smotiau gwyn dasgu
a chaledu ar fy ffedog las. ond,

ni fydd raid dychmygu fory;
y fi fydd piau fory, a fo
hefyd. ni fydd angen, chwaith,
yr haenau hyn i gyd, yr

haenau hyn sy'n gwasgu fel
sgrechfeydd fy meistres. na, ni
fydd angen caethdra yr holl
haenau hyn, er fy mod i,

peidiwch sôn, yn eitha hoffi'r
ffedog las. ni fydd dim i ddal fy
ngwallt yn sownd; na, dim haenau
fory. ond, llun arall ydi hwnnw.

fe ddaw'r amser i mi eto lyfu'r
llwch o'r gornel hon a'i osod
yn freuddwydiol eto fyth yn
un o'r biniau yn y cowt.

canu grwndi

ar ôl llenwi'r lle â'i
grwndi

yn fan hyn mae hi'n
styrio

ac yn dechrau llyfu'n
ddiog

a dim ond wedyn
mae hi'n

troi ei llygaid at
y drws

a thu hwnt
i'r drws

y ferch gyda'r clustdlws perl (Vermeer)

yli, gwisga'r rhain, ddeudodd o, a
thro dy ben – fel yna – a chymer gip
dros d'ysgwydd chwith; ac, yli,
yli'r lliwia 'ma i gyd, medda fo,

tria nhw, gwisga nhw a lapia'r enfys
'ma yn gynnes, gynnes rownd dy ben, rho
gyfle i'r gola hwn gael gwneud ei
waith. ac yli, dyma berl iti, un drom, rho

hi i grogi'n fanna, a chod dy ben rhyw
chydig, chydig bach. ond sŵn ac
ogla *delft* – ffrwytha, bloda, rhostio cig –
sy'n fy nenu i yn fwy na dim. a sbïwch,

welwch chi'r briwsionyn bach neu'r
dafn o chwys (fe wn i p'run) sydd yno'n
sownd wrth ymyl ceg? roedd yn well gen i
y berl fach honno; ond ddeudish i ddim byd.

cyffes

y fi oedd wedi cam-
leoli'r llyfr ar dy

silffoedd helaeth wedi'r
benthyg diofyn hir

hwnnw ond rywsut fe
wyddwn fod gen i

gyfrinach yn fan hyn
nad oeddwn am ei

rhannu – diolch i ti – a
gwn yn iawn y

dylwn i yn enw'r hyn
sy'n dda deimlo'n

euog ac am hynny
dyma fi ar liniau yn

fan hyn wir wir yn
ceisio credu hynny

agor

yn gyntaf chwythu'r llwch oddi
ar y bocs cyn agor
caead sydd yn ei
rwygo'i hun wrth imi
wneud
a sylwi ar bob
rhifyn yn ei
dro yn ymylon melyn
brau a'r print sy'n
graddol bylu
ac wrth gwrs yr oglau
tamprwydd sydd yn
prysur lenwi'r lle
a dyna pryd dwi'n cofio
pam y rhoddwyd hwn
a'r bocsys eraill o
o dan glo yn y
cwpwrdd blêr

tywod

a be arall? dim ond hyn:
tywod gwlyb yn

dechrau sychu yn yr
haul, a dim i ddangos

fod rhyw fachgen, rywdro,
wedi llwyddo i

ddianc ar ôl rhedeg ar
ei hyd a chroesi traeth;

does dim ond y broc
acw, pren a gwymon a

rhyw hen sgidia
llonydd.

Mei
er cof am Meilir Llwyd

Rhy fawr ydi'r Llyfrgell bellach i mi,
    mae'n un Mei yn wacach,
  un Mei nad ydi-o mwyach;
  heno mae byd heb Mei bach.

A byd sydd yn dristach heb wên, heb iaith
    codi bawd yn llawen;
  fe ddaeth taw ar gystrawen
  Mei yn llwyr; wylo mae'n llên.

Wylwn am wên nas gwelwn mwy, ond, wir,
    gwn y daw rhyferthwy
  (yn union fel Is Conwy)
  ei haul o eto i'r plwy.

Mae'r Kop yn morio eu cân heno, Mei,
    ymhob, pob un gytgan;
  un dorf yn sgarffiau o dân
  yn cofio'r Meilir cyfan.

Mei'r cawr bychan, gwahanol ei anian,
    yn un gyda'i bobol;
  ei lais o ddifri, a'i lol,
  a'i sŵn heno'n absennol.

Rhy fawr ydi'r Llyfrgell bellach i mi,
    mae'n un Mei yn dlotach,
  a haws yw'r llun hapusach
  yn 'y mhen i o Mei'n iach.

rhyw fore cloff

rhyw fore cloff, a choffi yn rhywle,
    a'r haul newydd godi,
  dŵr llwyd, ac adar y lli
  yn rhy uchel i drochi.
heibio oriau o sbwriel a chaniau,
    a chŵn, daw, o gornel,
  ryw sŵn hurt gan rai sy'n hel
  yn eu hawch i gael 'mochel
rhag y dydd newydd. ai nhw biau'r wawr,
    â'r braw yn eu twrw?
  nhw'r rhifau llwyd, ar fy llw,
  yw y dynion dienw.
mae sŵn siarad y radio yn dianc
    o dai heb un cyffro,
  dim ond mwmian o dan do,
  y siw lleiaf i'n suo
ni i gyd. a chyn gadael y lle hwn
    a'r dŵr llwyd diafael,
  does dim gair, does dim i'w gael.
  a mud yw'r dod a'r 'madael.

Lyn

Lyn Lewis Dafis

A'r newyddion yn
llawn lladd, fe

glywais y bore 'ma
am farw un mewn

gwely, mewn ysbyty,
gan ei fod yn wael

eisoes. Ond bu i'r un
marw hwn roi ei

bwysau ar y dydd, ac
er mawr gywilydd imi,

ddileu pob newydd arall
am y tro.

y triduum

dydd iau cablyd

dof yn deyrngar o araf i dŷ tlawd
  at y wledd ryfeddaf;
  heno, gwin pob gwyrth a gaf
  ar ŵyl y swper olaf.

dydd gwener y groglith

hen bnawn od i boenydio yn yr haul,
  ar fryn y croeshoelio;
  ond mae'n ŵyl y morthwylio,
  i ddweud o hyd: lladdwyd O.

fiat lux

fe aeth y merched wedyn i chwilio,
  ar chwâl yn eu dychryn,
  a mud; ond doedd dim adyn
  yno i'w gael: 'mond lliain gwyn.

bore sul yn y gelli gandryll

ylwch, cloc i'n pryfocio, a'i wyneb
   fo'i hun eto'n gwylio
    â'i watwar hen yn y tro:
yn aflonydd ddiflino.

bwa

ac enfys eto'n
fwa dros y bae yn

ystyried ac eto'n ystyried
dweud rhywbeth

pwysig, rhywbeth hardd.
ond, am ryw reswm –

straen holl bwysau'r
lliwiau i gyd, neu iddi,

rywsut, sylwi ar holl
lwydni mynd a dod

palmentydd – mae'n
anodd, heddiw, gweld

dim byd ond sgwyddau
beichus a dylyfu gên.

31 Rhagfyr 2020
gydag ymddiheuriadau i WH Auden

Ni allaf eistedd, chwaith,
mewn caffi cornel stryd
i ganu'n iach yn frwd
i flwyddyn flin. Mae'n bryd

i ni gydnabod beth sy'n wir:
ein dyddiau yn ymestyn; hyn,
a gwybod fod 'na flagur cudd
heddiw'n rhywle sy'n llawn cyffro gwyn.

Ond am y tro, mynd cam wrth gam
trwy ddeiliach llithrig, blêr
dan lampau main y stryd
a'r cymylau sydd am guddio'r sêr.

24 Chwefror 2022
gan ymddiheuro, unwaith eto, i WH Auden

Dwi'n eistedd mewn rhyw gaffi
sydd ar gornel stryd, ac
mae hi'n oer:
y stryd, y dre,

ac os dwi'n gweld yn iawn
mae rhai yn sodro mwy
o siwgr heddiw i mewn
i'w te a'u *lattes*; ac

mae'r *muzak* o'r tu ôl i'r
cownter tipyn bach yn
uwch, gan nad ydym, wir,
am glywed pa mor oer yw'r

byd.

y machlud ar y môr

hen le unig i'm sigo ydi hwn
pan fo'r dydd yn cilio,
a lôn hallt ei heulwen o
yn seilam o noswylio.

Yn Eglwys Gadeiriol Amwythig (30/12/22)

Yn offeren ganol dydd
y Gwener tawel hwn,
fe'm syfrdanwyd braidd
gan y darllenydd yn ei

gôt law las yn canu'r
Alelwia! I'r ychydig a
oedd yno, dyna godi'n ufudd
ar ein traed, ac unwaith, unwaith

eto'n ôl y drefn, fe fentrwn,
bawb, wneud arwydd bach y
Groes, dair gwaith, fel hyn
ar dalcen, ceg a chalon.

mae

mae lôn hir, mae heulwen haf, mae rhyw iaith,
   mae rhyw ias sy'n aeaf
  y bore hwn, ond mae'n braf,
  y mae cnau, mae cynhaeaf.

Pat

... a bore oedd i griw brau yno hel
    ynghyd â'u gweddïau
yn ddi-ddweud, ac un neu ddau
â channwyll eto i'w chynnau.

Y cyfle cyntaf i gynulleidfa Gymraeg Eglwys
Merthyron Cymru, Aberystwyth, fod gyda'n gilydd
i gofio am Pat (Donovan) a gweddïo drosto yn ein
hofferen, gan ddefnyddio'r Llyfr Offeren yr oedd Pat
a'r Tad John FitzGerald yn gyd-olygyddion arno.

cofio

yn fan hyn
yn fan hyn yn union
yn union yn fan hyn

y gwelais i'r pwll hwnnw
o ddŵr yn lliwiau i gyd
lliwiau rhai dafnau o betrol

gan fy mod yn cofio'n
iawn yn cofio'n iawn
fod awyr las a

heulwen yn y dŵr hwnnw
fan hyn ie fan hyn
dwi'n meddwl

machlud

heno'n aber dwi'n nabod yr eiliad
  pan fo'r haul yn darfod
  yng ngŵydd y dorf anorfod
  a'i hen staen bert, drista'n bod.

difiau dyrchafael: cyffes Tomos

a dyna fynd, dyna fo'n ein gadael
  ni i gyd; ac eto
  hwnt i'r ofn a rownd pob tro
  fe addolaf ei ddwylo.

"I'm an unitarian now"

oedd sylw hon wrth
ffrind a minnau'n

digwydd pasio
heibio hyd strydoedd

tamp Amwythig rywle
rhwng dathlu gŵyl

ac addewidion
sgleiniog lawer

eto fyth

Seamus Cunnane RIP
offeiriad, Gwyddel a phencampwr gwyddbwyll

gêm greulon braidd
yw hon

mae iddi ladd
a gwaed mae iddi

gipio cestyll
a chrwsâd esgobion

mae iddi ddifa
gwerin o bob lliw

ond ella hefyd
yn y tarth a'r mwg

fod yno lun
i'w weld

Gweriniaeth heb fod
arni unrhyw

frenin sydd o gig
a gwaed

nadolig 2023

os yw'r hanes a rannwn eto i'w weld,
   hwnt i iaith a chwestiwn,
  yna, wir, yng ngeni Hwn,
  er Ei wadu, fe gredwn.

rheol iaith

mor hardd yw cân
yr aderyn bychan hwn

heno, fel neithiwr ac
echnos a phob

echnos arall yma
yn ei dipyn llwyn

wrth ymyl hardd y
tipyn llwybr hwn. yr

un yw'r gân a
f'ymateb i bob tro; y

y fath angerdd, y
fath ddiniweidrwydd

tlws ... y fath gulni,
medd rhai.

machlud arall ar y môr

ond beth yw bwriad eiliadau'r cilio,
â marc haul yn ddarnau
bach swil, swil eto'n nesáu'n
gynulliad o ganhwyllau?

gwydr hanner llawn

"ew, mae'n oer!"
roedd y dyn yn

y ciw, yn y
banc yn dre yn

siŵr o hynny; ac
yna'r atodiad: "ond

dwi'n siŵr imi weld
y dydd yn 'mestyn

ddoe. garantîd."

alban arthan

ac ydi mae hi'n
dywyll erbyn hyn

a hynny ganol
pnawn; ond dyna sydd

i'w ddisgwyl a dyw'r
glaw yn helpu

dim wrth lenwi
pyllau bychain hyd

y lle, a'r rheini'n
wlypter sydd wedi

llwyr anghofio'r ddawn
o wneud eu hunain

am ryw hyd yn
gannoedd ac yn

filoedd o ddrychau
bach sy'n taflu'r

ychydig olau sydd
yn weddill at

y byd a'i
bethau.

Ystafell Fydd
arwydd gwallus ar gampws Prifysgol Aberystwyth

Aeth sillafu pethau cred,
aeth holl ramadeg cred

ar chwâl, mae'n rhaid,
oherwydd mae hi'n

anodd, bellach, adnabod
ffydd wrth ei henw;

heb sôn, heb sôn am
ei gweithredoedd.

cwmplin
wrth afon Rheidol

yn addoliad rhyw ddeiliach aflonydd,
fel hyn, mae'n dawelach
gan fod gweddi'n gyfrinach
fu'n bod ym mhob defnyn bach.

ffrae

dim ond cwpl o
eiliadau a rhyw

ychydig o linellau
dwi eu hangen i

ddweud hyn: mae
ffyrnigrwydd ffraeo'r

ddau ar y stryd y tu
hwnt i'r gwydr hwn

yn boenus o amlwg
ond yma fan hyn

petawn i isio
gallwn glywed y

siwgr yn toddi
yn fy nghoffi poeth

doli

dwi wedi colli doli, mam!
ond doedd dim ateb

gan mam. daeth llais o'r
byncar a deud: fe welish

i ddoli ar y stryd, ond
roedd hi'n lipstig coch

i gyd, a chan ei bod hi'n
gorwedd ar ei chefn

roedd ei llygaid
ar gau.

Trafod

Difyr, unwaith, flynyddoedd
maith yn ôl oedd trafod –
theori – moeseg Bonhoeffer,
o bawb, a welai

gyfiawnhad drwy sbectolau
parod, crwn dros ladd
yr unben gwallgof,
gwallgof hwnnw.

Diflannodd pob ieuenctid
ers tro byd, a rhaid
gofyn erbyn hyn: ble aeth
difyrrwch trafod hefyd?

glaw wrth aros rhyfel

ond ylwch bawb
mae yma gysgod
o ryw fath gan
ddail a bwa

coed dros lwybr
serth fy ffordd i'r
gwaith sy'n cipio 'ngwynt
a'r dail bob dydd

oes mae rhai brigau
hyd y lle a mannau
llithrig hefyd weithiau
a mwy o ddail

a mwy o ddail

rhydychen i

sbïwch ar y tyrau
hyn fu'n cynnau a

chynnal breuddwydion
ac ysbeilio

fu'n sodro tinau bodlon
ar feinciau senedd

fu'n cysuro brenhinoedd

rhydychen ii
mae cigydd o'r enw David John ym marchnad
y dre

mewn bywyd arall
falla wir y byddai

fy ngherddi'n llawn
cig a gwaed, nionod,

bara, perlysiau fil
a chroen i'w cynnal;

ac esgyrn mân, mae'n siŵr.

ailgysylltu

dyn y ffôns
oedd yno

ar ben ystol
yn ceisio

cysylltu â
Chwilog

nid Chwilog yn
union chwaith

ond rhwla ffor'cw
tua'r gorllewin

lle mae'r môr
bellach

yn merwino'r
tir

llanberis

cyn dod awen calennig i ysu
   drwy'r nosau ystyfnig,
 y mae haul sy'n chwarae mig
 â dwylo oer nadolig.

26.12.21

aberystwyth

ond, argol, mae hi'n ddolig! ac, ylwch,
   mae golau gwyn, perig
 y bore oer ym mhob brig
 yn rhannu gwefr morwynig.

25.12.2020

ffair

ie dyna oedd gen i
cofio pasio heibio'r

ffair o bell a honno'n
galon fawr i gyd

yn curo curo ond
yn llusgo rywsut

wysg ei thin
ac ymrithio yma'n

goeden gandi fflos

trywanu

ond cyllath
i fi

mae fwy agos-
atoch chi rwsut

yn tydi fel
sbinglas a

phetha tebyg
ac mae'n bwysig

yn tydi ein
bod yn glynu wrth

anwyldeb enw'r
metal oer

cerddi covid
wrth fynd am dro, dro ar ôl tro ar ôl tro

mehefin trwm ei ofid hyd lôn hud
   heulwen haf ei ryddid
  yn ddiarth ei addewid –
  y lliwiau hardd sy'n llawn llid.

mis mai sy'n amwys i mi, eleni,
   mae lôn a neb arni;
  ond clywch anterth y perthi
  a lliw haf yn sŵn pob lli.

heno, troi'n gr'adur unig yw fy rhan
   ger y traeth acwstig,
  er, mi wn, mai chwarae mig
  wna ofnau'r llanw styfnig.

os yw'r adar yn barod i ganu
   go iawn, byddai'n bechod
  inni ildio i'n swildod;
  dan y boen mae nodau'n bod.

mae rhai dyddiau'r dyddiau hyn,
er gwaetha'r haul a'r gwres a'r tyfiant,
fel coed y gaeaf;
ni allant guddio dim, ac mae
cymaint y gellid ei guddio.

nid amen, na, ond mynnaf, nid angladd,
    ond englyn, a chofiaf
  yr awst unig a thristaf
  â chynghanedd ddiwedd haf.

pwyso

dwi'n cofio curlaw'r da-da
mint ar fetal oer y glorian, a
dwi'n cofio hefyd ambell
ddeigryn gwyn yn
chwalu'n fân ar lawr y
siop, gan fod rhwyg
yn ochr frau y
bag papur bach;
ond dwi'n cofio sefyll
ambell waith yn rhywle'n
hir a'r da-da mint yn
chwysu yng nghledr fy
llaw gaeedig, welw-goch,
sefyll gan nad oeddwn eto'n dallt
y peth, y peth iawn i'w
wneud, fy llaw yn chwys i
gyd ond y da-da mint yn galed,
galed hefyd.

The Sound of Music mewn caffi

Pnawn Sul gwlyb yn niwedd
Mai, glaw tu allan a
gŵyl y banc yn y fantol;

roedd dau neu dri, wel, dwy
neu dair am y gorau wrth
eu byrddau'n cydganu'n ddigon

cryf i beri i ambell un
syllu'n chwithig i fyw
eu cwpanau coffi, a thewi

sgyrsiau. Munudau euraid
wedyn: heulwen danbaid, oglau
coffi, atgofion briwsion

ar y bwrdd o'm blaen; y
manion hyn, y pethau hyn,
rhai o fy hoff bethau hyn.

Troi'r Cloc

Roedd hanner nos, a ninnau'n blant,
yn antur ynddi'i hun, yn antur ddiarth, brin;
ond, ni welsom ni, yn blant, erioed
mo'r eiliad annaearol honno, yn ei thro,

am ddau o'r gloch, a ninnau
ym mherfeddion ein breuddwydion plu,
pan newidiai amser; eiliad nad yw'n tarfu dim
ar resymeg clustog. Ni chlywsom chwaith

gryndodau sŵn di-smic yr eiliad hon
na fydd hi byth yn byw rhwng bys a bawd.
Ond synhwyrem inni ddeall y daeth math o fod
i ben, ac y byddai'n gwawrio ar fod newydd.

Ac mi brofais innau eiliad, heb ei dal yn llwyr, gan
nad oedd iddi sŵn na symud. Nid oedd 'run smic
rhwng colli bod ac anfodolaeth, doedd dim
breuddwydio chwaith, na nos, na deall plentyn.

sul y blodau

ylwch, mae'r holl betalau hyn i gyd
    i'w gweld ar y tonnau,
  a llanw hardd heno'n llnau
  a'u rhoi 'nôl mewn cornelau.

cyfri

mae cudyn bach o
haul ar wegil braf y
bryn 'cw na alla i'n

fy myw â
chofio'i enw rŵan hyn

mi wn yn iawn fod
dau ohonom yno yng
nghysgod gwyllt y lle

er nad ydw i'n gallu
cofio enwau'r lleill
i gyd

a dwi'n clywed rhywbeth
rhywun falla yn fy
mhen yn trio deud

trio

deud

nad dyna chwaith sy'n cyfri

cwmplin ymyl pafin

a oes unrhyw beth
arall sydd heb ei
ddeud? dim ond

hyn, dwi'n meddwl:
mae 'na bwll wrth ymyl
y pafin yng nghanol y

pentra a fyddai
fel arfar yn llawn gan
oleuada'r siopa i gyd.

murmur

ai murmur o gymylau
yw'r enw torfol?

beth bynnag am hynny,
mae hi bron yn

ddiwedd medi, arall,
ac yma wrth edrych

ar y môr rhwng sgyrsiau
pytiog yr ymwelwyr

olaf, ac o fewn cyffwrdd
i felancolia'r trigolion

â'u hufen iâ a
llewys byr, mae murmur

y cymylau gwynion
yn bwrw eu cysgodion
ar hwn sy'n crafu
ymyl pafin, sy'n

cael trafferth mawr
wrth barcio'i gar;

mae yna gŵn yn cyfarth
hefyd, dau neu dri.

ysbienddrych y prom

pe bawn i'n ifanc
fe awn i edrych drwyddo

i ddeall ella pam
fod golau'r haul

yn chwalu'n fil a mwy
a rhagor o ddarnau

mewn dŵr oer
ond ar y fainc mae

sŵn gwylanod
yn fy mhen

ac oglau tjips
a choffi

a thoesenni melys
ac mae'r siwgr

yn dynwared
gorffennol

a dyfodol
hyn i gyd

dychwelyd

trên yn ôl o
rwla eto

ac ar y bwrdd
gyferbyn â mi

dim ond un sydd
ar ôl, a thair potel

ddŵr wag a
bag plastig gwyrdd.

tu allan, fe wibiodd
canol medi heibio

i'r ffenest
dywyll, a gwn

mai peth fel hyn
yw teithio'n ôl

bob tro.

jazz hwyr

gweld dan gantel y felan y nodau
        sy'n gwaedu dros bobman;
    diferion all geulo'n gân
    yn hwn sydd wrtho'i hunan.

aberystwyth, chwefror 2021

chwilia'n ddyfal bob ale a weli,
        a chwilia bob cuddle
    i'r haul, oherwydd, rhywle,
    mae stŵr plith draphlith o dre.

cerdded y prom

a sawl machlud fu'n fy hudo, fel hyn,
        fel iaith yn ffarwelio?
    eto, rhaid, rhaid dweud bob tro,
    wna i byth anobeithio.

Meddyginiaeth

Does dim sy'n wyrthiol
am yr olew hwn yr
ydw i'n ei annwyl-arllwys
heddiw dros holl, holl flinder
traed y dyn, gan sychu'r rheini
wedyn gyda gwallt mawr, blêr fy
mhenlinio yma, nes peri i'r cyfan
lynu wrth ei gilydd.

Ac mi gefais i iachâd,
yn do, heb ddim o hyn?

Rwy'n barod, cofiwch, i ddadlau'n
hir fod gwerth sy'n llawer mwy
na phris y farchnad yn yr
act o arllwys rhywbeth,
olew,
dŵr,
gwaed.

Pietà

Yng nghynteddau celf
ac yng nghilfachau hardd
eglwysi'r byd, *pietà* yw'r gair
sy'n gosod hyn –
mam yn mwytho'i mab
yn ei breichiau hen –
yng nghyd-destun popeth.

Mewn pren a marmor, ac mewn
marmor ffug mae'r dod ynghyd
fel hyn, wedi'r angau, yn eiliad
sy'n oes oesoedd yn y garreg stond.

Ni all y dagrau ac ni all plygion gwisg
wneud dim ond arllwys
tua'r llawr gan rym
disgyrchiant celf.

A'r Fam yng ngalar du ei breichiau hen
yn ymgeleddu'i Harglwydd,
yn rhoi cwtsh i'w Mab.

Gŵyl Dyrchafiad Mair

Onid yw hwnt i'n deall hyn a ddaw
   o'i gweddïau diball
   sy'n dwyn galar pawb arall
   a'i ll'gadau gan ddagrau'n ddall?

Cydnabyddiaethau

Cyhoeddwyd y cerddi canlynol ar Facebook ac X (Trydar gynt):

'ailgysylltu', 23 Awst 2021.
'cwmplin', 25 Mai 2022.
'cwmplin ymyl pafin', 27 Rhagfyr 2021.
'difiau dyrchafael: cyffes tomos', 26 Mai 2022.
'dychwelyd', 5 Medi 2021.
'ffair', 17 Tachwedd 2021.
'ffrae', 9 Ebrill 2022.
'glaw wrth aros rhyfel', 17 Chwefror 2022.
'gwydr hanner llawn', 29 Rhagfyr 2022.
'Gŵyl Dyrchafiad Mair', 14 Awst 2020.
'"I'm an unitarian now"', 30 Rhagfyr 2021.
'llanberis', 26 Rhagfyr 2021.
'mae', 7 Medi 2022.
'murmur', 27 Medi 2021.
'Pat', 5 Rhagfyr 2022.
'rheol iaith', 21 Mehefin 2023.
'rhydychen i', 14 Medi 2022.
'rhydychen ii', 15 Medi 2022.
'Seamus Cunnane RIP', 8 Hydref 2021.
'Trafod', 7 Mawrth 2022.
'Ystafell Fydd', 24 Hydref 2022.

Cyhoeddwyd y cerddi canlynol ar Facebook:

'aberystwyth', 25 Rhagfyr 2020.

'alban arthan', 21 Rhagfyr 2022.

'bore sul yn y gelli gandryll', 24 Chwefror 2019.

'jazz hwyr', 1 Mawrth 2021.

'machlud arall ar y môr', 2 Mai 2023.

'sul y blodau', 21 Mawrth 2021.

'*The Sound of Music* Mewn Caffi', 26 Mai 2024.

'Yn Eglwys Gadeiriol Amwythig (30/12/2022)', 30 Rhagfyr 2022.

'ysbienddrych y prom', 12 Mai 2021.

'24 Chwefror 2022', 24 Chwefror 2022.

'31 Rhagfyr 2020', 31 Rhagfyr 2020.

Darlledwyd y cerddi canlynol ar *Y Talwrn*:

'cyfri', *Y Talwrn* (BBC Radio Cymru, Mehefin 2024).

'Meddyginiaeth', *Y Talwrn* (BBC Radio Cymru, Ebrill 2024).

'pen-blwydd', *Y Talwrn* (BBC Radio Cymru, Chwefror 2024).

'Pietà', *Y Talwrn* (BBC Radio Cymru, Awst 2020).

'pwyso', *Y Talwrn* (BBC Radio Cymru, Ebrill 2023).

'terfynau', *Y Talwrn* (BBC Radio Cymru, Mehefin 2022).

'Troi'r Cloc', *Y Talwrn* (BBC Radio Cymru, Chwefror 2019).

Cyhoeddwyd y cerddi canlynol yn *Barddas*:

'bwrdd i un', *Barddas*, Rhifyn yr Hydref, 2021.
'diolch', *Barddas*, Rhifyn yr Hydref, 2021.
'doli', *Barddas*, Rhifyn yr Hydref, 2021.
'Lyn', *Barddas*, Rhifyn yr Hydref, 2021.
'mainc', *Barddas*, Rhifyn yr Hydref, 2021.
'Mei', *Barddas*, Rhifyn yr Hydref, 2021.
'mewn sinema', *Barddas*, Rhifyn yr Hydref, 2021.
'pagliacci', *Barddas*, Rhifyn yr Hydref, 2021.
'sylwi ar un bioden', *Barddas*, Rhifyn yr Hydref, 2021.
'torth', *Barddas*, Rhifyn yr Hydref, 2021.
'troli', *Barddas*, Rhifyn yr Hydref, 2021.
'un dyn bach', *Barddas*, Rhifyn yr Hydref, 2021.
'y peiriant', *Barddas*, Rhifyn yr Hydref, 2021.
'yr wylan ddeg', *Barddas*, Rhifyn yr Hydref, 2021.

Cyhoeddiadau
barddas